Couvertúres supérieure et inférieure
manquantes

LE

CHATEAU DE MONTROND

EN FOREZ

LE CHATEAU

DE

MONTROND

EN

FOREZ

PAR M. A. VACHEZ

AVOCAT,
DOCTEUR EN DROIT,
MEMBRE DE LA SOCIÉTÉ LITTÉRAIRE ET DU COMITÉ
D'HISTOIRE ET D'ARCHÉOLOGIE
DE LYON.

LYON

IMPRIMERIE D'AIMÉ VINGTRINIER
RUE BELLE-CORDIÈRE, 14

—

1869

LE
CHATEAU DE MONTROND

EN FOREZ

—

Il n'est guère de voyageurs, allant de Saint-Étienne à Roanne, qui n'aient remarqué à un kilomètre à l'ouest de la station de Montrond, les belles ruines du château de ce nom. Fièrement assise sur un monticule isolé qui domine au loin la plaine, la vieille forteresse féodale semble toujours commander la contrée de ses masses imposantes. Aucun autre château forézien n'offre une histoire plus digne d'intérêt ; aucun autre n'a été le théâtre de plus de combats. Pris par les huguenots au xvie siècle, tombé plus tard aux mains des Ligueurs, repris par les partisans de Henri IV, son histoire se renferme surtout dans celle des siéges qu'il a soutenus, jusqu'au jour où il fut incendié dans une dernière attaque par les bandes républicaines que l'Auvergne envoyait au siége de Lyon.

La situation de l'éminence de Montrond sur les bords de la Loire et près d'un gué très-fréquenté, dut faire choisir de bonne heure ce lieu pour y établir un poste de surveillance sur le fleuve. Les comtes de Forez qui occupaient Bellegarde et le col d'Iseron au moins dès le xi° siècle, ne pouvaient négliger cette position qui commandait la route la plus suivie de Lyon en Auvergne. Aussi les trouvons-nous les premiers en possession de Montrond. Mais le château qu'ils élevèrent et qui prit naturellement le nom de sa situation (*Mons rotundus*), n'eut point l'importance de celui dont nous voyons les restes. Ce n'était point là que les comtes faisaient leur résidence habituelle, et à plusieurs reprises ils se dépouillèrent de ce fief pour le donner en apanage à leurs fils puînés.

Ainsi fit Guy IV, dans son testament, au moment de partir pour la croisade avec Thibaud, roi de Navarre. Dans cet acte de dernière volonté, de l'an 1239, il donne Montrond, avec Sury-le-Bois, Saint-Héand et Virignieu à son second fils Renaud, qu'il destinait à l'état ecclésiastique. Renaud était tenu de faire hommage de ces fiefs à son frère aîné, le comte Guy V; en même temps, il lui était interdit de les aliéner, de les engager et d'en disposer d'une manière quelconque; enfin, ajoutait le testament du comte, ces fiefs devaient retourner à la maison de Forez, au décès de Renaud (1).

Tout en assurant une position honorable à ses enfants, le grand feudataire n'oubliait point ainsi la puissance de sa maison, et nous verrons de même son fils réserver le retour de Montrond et des autres fiefs détachés provisoirement du comté de Forez.

Quoique destiné à l'état ecclésiastique, Renaud se maria en 1247, avec Isabelle de Beaujeu, veuve de Simon, seigneur de Semur en Brionnais, et, dans son contrat de

(1) Mazures de l'Isle-Barbe. I. p. 152.

mariage, il se constitua les châteaux que lui avait donnés son père Guy IV. Sans ce mariage la lignée des comtes de Forez se fût éteinte, car Guy V, frère aîné de Renaud, mourut en 1259, sans postérité, et ce dernier lui succéda (1).

Renaud suivit saint Louis dans sa croisade contre Tunis (1270). A la veille de ce grand voyage il fit aussi son testament, dans lequel il disposa, comme son père l'avait fait en sa faveur, du château de Montrond et de ceux de Sury-le-Bois, de Virignieu et de Saint-Héand, au profit de son fils puîné, Louis, auquel il avait fait prendre la tonsure et qu'il destinait pareillement à l'état ecclésiastique. Mais cette donation, qui devait lui tenir lieu de tous ses droits héréditaires, ne lui attribuait qu'un simple usufruit ; à son décès ces seigneuries devaient retourner au comté, et Louis était tenu d'en rendre hommage à son aîné (2).

Ce retour ne tarda pas d'avoir lieu. En 1272, Louis devint seigneur de Beaujeu, du chef de sa mère, et l'année suivante (1273), nous voyons Guy VI, comte de Forez, céder à Guichard, seigneur de Montagny en Roannais, vingt-cinq livres de rente à percevoir dans la châtellenie de Montrond, en échange de la quatrième partie par indivis de la ville de Roanne avec ses dépendances et de la quatrième partie que Guichard pouvait avoir sur Villerest et Saint-Sulpice (3).

Plus tard son fils Jean Ier acquit de Guichard de Châtel-Perron et d'Isabeau de Roanne sa femme, la moitié de la

(1) Histoire des ducs de Bourbon. I. p. 259.
(2) Histoire des ducs de Bourbon. I. p. 269.
(3) Invent. des titres du comté de Forez, n° 80.

ville de Roanne, en échange du château et de la seigneurie même de Montrond. Mais les parties ne tardèrent pas
à revenir sur cet échange. En novembre 1290, Jean Ier,
comte de Forez, reprit Montrond, et donna une somme
d'argent à Guichard et à sa femme Isabeau pour la moitié
de la ville de Roanne et de ses dépendances(1).

Mais les comtes de Forez, qui tenaient à étendre leur
souveraineté dans le Roannais, ne gardèrent pas longtemps Montrond. Au mois de juillet 1302, le comte
Jean acquit de messire Artaud de Saint-Germain, chevalier, seigneur pour partie de Saint-Germain Laval,
la moitié qu'il possédait du château, de la ville et du
mandement dudit Saint-Germain Laval, avec la justice
du lieu et sa grange noble d'Odes, sous la seule réserve
d'une maison qu'Artaud tenait en fief de Guillaume de
Poitiers.

Le comte lui céda en échange le château et le mandement de Montrond, dont les limites furent fixées par
Jean de Charlieu, chanoine de Notre-Dame-de-Montbri-
son et Foulques de Sury, chevalier. Cette cession comprenait aussi tous les droits de haute et basse justice de
ladite seigneurie, avec six livres tournois de rente à
Essertines en Donzy, où Artaud et ses successeurs furent
autorisés à élever un château fort à une ou plusieurs
tours. Le comte se réservait seulement le fief et l'hommage ainsi que les droits de souveraineté et de ressort
sur ces deux seigneuries. Il fut stipulé enfin que le comte
et le seigneur de Saint-Germain seraient tenus de main-

---

(1) Invent. des titres du comté de Forez, nº 104. — Hist. des ducs de
Bourbon. I. p. 315. — Aug. Bernard. Hist. du Forez. I. p. 269.

tenir l'intégrité des péages de Montrond et de Saint-Galmier (1).

Montrond, qui n'avait eu jusqu'alors qu'un rang bien secondaire, devint une forteresse importante sous ses nouveaux maîtres. Du moins aucune partie des constructions actuelles ne semble remonter à une époque plus ancienne. Rebâti au commencement du xiv° siècle, richement embelli au xvi° siècle, ce château conserve encore dans son architecture les caractères de ces deux époques. Le plan et l'ensemble sont d'un temps où tout était organisé en vue de la défense; les ornements et les détails appartiennent au siècle de la Renaissance.

Artaud rendit foi et hommage du château de Montrond aussitôt après sa prise de possession (2). Le nouveau seigneur de Montrond, dont la postérité devait se transmettre cette forteresse presque jusqu'à nos jours, appartenait à une ancienne famille originaire de l'Auvergne, du nom patronymique d'Artaud, auquel ses représentants ajoutèrent celui de leur seigneurie de Saint-Germain qu'ils possédaient déjà dès le xii° siècle (3) Étienne de Saint-Germain, chanoine de l'Eglise de Lyon en 1201, appartenait sans doute à la même famille aussi bien que Hugues de Saint-Germain qui vivait en 1259 et 1261 (4). Mais la généalogie certaine des Artaud de Saint-Germain ne commence qu'au père du premier

(1) Inventaire des titres du comté de Forez, n° 1012, et page 629. — Histoire des ducs de Bourbon. I. 328.

(2) Noms féodaux.

(3) Fiefs du Forez. V° *Montrond.* — Aug. Bernard. Hist. du Forez. I. p. 33, *preuves.*

(4) Obituaire de l'église de Lyon. p. 51, 185 et 232.

seigneur de Montrond, Artaud I", chevalier, seigneur de Saint-Germain-Laval, dont le souvenir est venu jusqu'à nous avec la charte de franchises qu'il accorda, en 1249, aux habitants de cette petite ville.

Artaud Ier laissa trois enfants :

1° Artaud II, seigneur de Montrond, qui suit;

2° Guyot de Saint-Germain, commandeur de Chazelles en 1301, qui fut maintenu par le comte de Forez dans la justice de ce lieu en 1321 (1);

3° Alice, mariée à Gérard, seigneur de Crussol (2);

En 1314, nous voyons Artaud, deuxième du nom, le nouveau seigneur de Montrond, prendre part à la manifestation de la noblesse forézienne, qui s'unit à celle de Champagne pour protester, dans un acte du 11 février de cette même année, contre les tailles et les subventions établies par le roi aussi bien sur les nobles que sur ses autres sujets, contrairement aux anciens priviléges de la noblesse. Ces plaintes furent entendues et les subventions établies furent abolies pour l'année suivante (3).

« Nos compilateurs modernes, dit M. Paulin Paris,
« ont à peine parlé de ce grand mouvement des barons
« de France, organisé sur la fin du règne de Philippe le
« Bel, dans le but d'obliger le roi à révoquer toutes les
« taxes dont il avait depuis longtemps chargé les pro-
« priétés... Cette alliance eut cependant pour résultat
« de faire abolir toutes les taxes précédentes et de prou-

(1) Aug. Bernard. Hist. du Forez. I. p. 293.
(2) Latour-Varan. Chroniques des chât. et abbayes. II. p. 284.
(3) La Mure. Hist. des ducs de Bourbon. I. p. 347, — Aug. Bernard.
Hist. du Forez. I. p. 283. —Archives de l'Empire. P. 1400, cote 849.

« ver à la noblesse française qu'elle avait encore les
« moyens de parler haut et de se faire écouter (1). »

Vers la même époque se placent deux faits qui ont
préoccupé avec raison les historiens du Forez.

Le 27 avril 1325, le comte de Forez, Jean Ier, céda à
Édouard, comte de Savoie, l'hommage de plusieurs châteaux situés dans le Forez et notamment de celui de
Montrond avec son mandement, son territoire et tous
les droits attachés à cette seigneurie, que son possesseur
Artaud de Saint-Germain tenait en fief du comte, sous
la réserve des chemins et des fleuves qui relevaient du
roi. Le comte de Forez s'engageait ainsi à demeurer toujours le vassal du comte de Savoie et de ses successeurs,
à le servir en armes en toute occasion et promettait que
cet hommage ne serait jamais séparé du comté de Savoie et qu'il ne contracterait aucune alliance avec le
dauphin du Viennois (2).

S'il faut en croire l'acte qui fut dressé à Lyon en pré-
sence de l'archevêque Pierre de Savoie, de Guichard de
Beaujeu, de Girin de Saint-Symphorien et de plusieurs
autres chevaliers, cette reconnaissance de fief n'avait
d'autre motif que le désir de resserrer plus étroitement
les liens de parenté et d'affection qui unissaient la maison
de Forez au comte de Savoie. Mais comme ce dernier
était en guerre, à cette époque, avec le dauphin du
Viennois, il est plus probable qu'il cherchait ainsi à s'as-

---

(1) Annuaire de la Société de l'Histoire de France, année 1837, p. 161.

(2) Inventaire des titres du comté de Forez, n°s 953, 954 et 957. —
Revue Forézienne, mars 1868, p. 101. — Les autres fiefs compris dans cet
hommage étaient ceux de Chatelus, Fontanez, la Fouillouse, Saint-Victor,
Cornillon, Cusieu, Roche-la-Molière, Bouthéon et Veauche.

surer l'appui ou tout au moins la neutralité d'un puissant feudataire. Et ce qui le démontre, c'est l'intervention de l'archevêque Pierre de Savoie, ce sont les qualifications données à l'hommage promis par le comte de Forez (1), c'est enfin l'engagement pris par le comte de Savoie, de payer en retour au comte Jean une somme de vingt mille livres tournois, et de salarier les gens du comte, quand ils iraient à son secours. Il ne faut donc voir dans cet acte qu'une de ces ventes de droit de suzeraineté qui avaient lieu souvent au moyen-âge, en échange d'une somme d'argent, ou à la charge d'une rente annuelle (2).

Comment le dauphin du Viennois réussit-il à ramener le comte de Forez dans son alliance ? Le comte de Savoie négligea-t-il de payer les vingt mille livres promises ? C'est un point sur lequel les documents font défaut. Quoi qu'il en soit, quelques mois plus tard, le 18 janvier 1326 (nouveau style), le comte Jean renonçait à l'alliance du comte de Savoie et signait avec le dauphin Guigues VIII, un traité semblable au précédent, dans lequel il reconnaissait tenir en fief de ce dernier les mêmes châteaux de Montrond, Chatelus, Fontanez, etc. (3).

Ici encore la même obscurité règne sur la cause véritable de cet hommage. D'après un ancien mémoire rapporté par Valbonnais, ce droit de suzeraineté appartenait aux Dauphins, du chef des anciens comtes d'Albon (4).

---

(1) *Feudum nobile, conditionatum, modificatum et oneratum conditionibus, modis, formis et oneribus infra scriptis.*

(2) Barginet. *Histoire du gouvernement féodal*, p. 143. — Brussel. *Usage général des fiefs*, p. 44 et 53.

(3) Inventaire des titres du comté de Forez, nos 1027 et 1097. — Valbonnais. *Histoire du Dauphiné*, I. p. 289. II. p. 204.

(4) Valbonnais. Hist. du Dauphiné II. p. 387.

Mais les droits de ces derniers étaient sans doute tombés en désuétude depuis longtemps, car le traité qui intervint à cette occasion entre le dauphin et le comte de Forez nous apprend que ce fut pour cimenter l'alliance qui unissait le comte Jean au dauphin Guigues dont il avait épousé la fille, Alix de Viennois (1296), qu'il consentit à devenir le vassal de ce dernier et à lui soumettre Montrond et ses autres terres, pour les tenir de lui en fief et en arrière-fief. Au surplus, comme le comte de Savoie, le dauphin Guigues s'engagea en retour à payer au comte de Forez, la somme de vingt mille livres tournois, ce qui semble bien indiquer que les droits du dauphin étaient loin d'être incontestables (1).

De sa femme Isabelle de Blène ou de. Blenost, dame d'Usselles, Artaud eut quatre enfants :

1° Jacques, dit Artaud, qui suit ;

2° Alix, abbesse de Seauve-Bénite ;

3° Agnès ;

4° Églantine.

Ces enfants étaient encore mineurs lors du décès d'Artaud II, qui arriva vers l'an 1328. Car nous voyons, le 17 décembre de cette même année, sa veuve faire foi et hommage au comte de Forez pour le château de Montrond et ce qu'elle possédait à Essertines en Donzy, au nom et comme tutrice de ses enfants. Dix ans plus tard (1338), Isabelle renouvela encore le même hommage au nom de ses enfants (2).

Artaud, troisième du nom, épousa en 1330, Margue-

____

(1) Inventaire des titres de Forez, n° 912. — Valbonnais. Hist. du Dauphiné. I. p. 258. II. p. 443. — Fiefs du Forez, p. 52.

(2) De la Mure. Hist. des ducs de Bourbon. I. p. 365 et 399.

rite de Lignières, fille de Jean de Lignières, seigneur de Rochetaillée et de Jacquette de Mussy. Marguerite apporta à son époux la terre de Rochetaillée qui lui fut donnée en dot. En 1336, nous voyons Artaud investi des fonctions de châtelain de Néronde (1). Sa mort paraît devoir se fixer vers 1367, car à cette date, sa veuve rendit hommage de Montrond au comte Renaud (2).

Son fils Artaud, quatrième du nom, seigneur de Montrond et de Rochetaillée, épousa Louise d'Apchon, fille et héritière de Louis, seigneur d'Apchon en Auvergne, qui substitua sa terre d'Apchon aux enfants mâles de sa fille et d'Artaud. En 1370, nous voyons ce dernier établir, en sa qualité de seigneur de Rochetaillée, le sieur Jean Marc pour son capitaine dans ce château, avec quarante-cinq écus d'appointements, dont les habitants de la seigneurie devaient supporter les deux tiers, en retour du droit qui leur était accordé de s'y réfugier en temps de guerre. Quelques années plus tard (1378), le même Artaud s'engage dans un acte signé au château de Rochetaillée à entretenir un portier pour la garde du château et du donjon, à la charge par les habitants d'en tenir un autre à leurs frais, pour la basse-cour ou première enceinte (3).

On s'est souvent récrié contre l'établissement de pareilles servitudes. Pourtant aucun droit féodal ne se justifie plus aisément. A une époque où les habitants de nos campagnes ne trouvaient de sûreté pendant les

(1) Broutin. Hist. de Feurs. p. 110.
(2) Archives du départ. de la Loire. — Broutin. Hist. de Feurs, p. 116.
(3) Aug. Bernard. Hist. du Forez. II. p. 296.— Latour-Varan, Chronique des châteaux et des abbayes. II. p. 273.

guerres de chaque jour, que dans l'enceinte du château au pied duquel ils abritaient leurs demeures, n'était-il pas juste de les faire contribuer à l'entretien et à la garde de l'asile commun?

Du mariage d'Artaud IV avec Louise d'Apchon naquirent

1° Artaud qui suit;

2° Catherine, qui épousa Antoine de Bressoles, sénéchal du Bourbonnais;

3° Louis, qui posséda la terre d'Apchon, dès l'année 1414, et mourut sans postérité;

4° Jean, qui succéda à son frère dans la possession de la même terre et mourut sans alliance.

Artaud, cinquième du nom, rendit hommage au comte de Forez pour son château de Montrond, en 1441, ce qui nous indique approximativement la date de la mort de son père et l'époque où il succéda à ce dernier dans la possession de cette seigneurie aussi bien que de celle de Rochetaillée (1). C'est à ce dernier titre que, le 8 mai 1446, Artaud passa avec Jean de Rochefort, seigneur de la Valette, une transaction au sujet du château et maison forte de la Valette. D'après cet acte, ce dernier fut tenu à foi et hommage envers le Seigneur de Rochetaillée auquel les droits de justice à tous les degrés demeurèrent réservés (2). La même année nous voyons Artaud assister, avec plusieurs autres chevaliers, à l'entrée de Charles de Bourbon, archevêque de Lyon, dans sa ville métropolitaine. Cette entrée fut célèbre, nous

(1) De La Mure. Hist. des ducs de Bourbon. II. 184.
(2) Les fiefs du Forez, p. 141.

dit Le Laboureur, et par la dignité de ce prince et par le grand nombre de personnages illustres qui s'y trouvèrent, parmi lesquels on compte Jean Cœur, archevêque de Bourges, fils de l'infortuné Jacques Cœur (1).

Six ans plus tard (1452) une contestation s'éleva entre Artaud et Jean de Serrières, abbé de Valbenoite, au sujet des droits de chasse que les religieux prétendaient avoir, depuis un temps fort reculé (*ab antiquo tempore*), dans les forêts du seigneur de Rochetaillée. Une transaction mit fin à ce litige. Artaud accorda non seulement au monastère tous les droits réclamés, mais il poussa encore la générosité jusqu'à lui faire donation de son mas des Gouttes, ainsi que des droits de leyde et de péage qui y étaient attachés (2).

On ne peut dire à ce sujet, comme l'a fait Latour-Varan, « que le bon Artaud devait succomber devant les « prétentions monacales, parce qu'il n'était pas assez « grand clerc pour ruser aussi adroitement que ses ad- « versaires. » Rien de plus gratuit qu'une pareille supposition. Si Artaud céda, il est plus probable que ce fut parce que les droits des religieux étaient bien fondés. Artaud V ne semble pas avoir été en effet un de ces chevaliers ignorants qui se glorifiaient de ne savoir signer qu'avec le pommeau de leur épée. En 1446, il avait épousé Marie Verd, fille d'Aimé Verd, bailli du Forez. En même temps que cette alliance faisait entrer dans la maison des seigneurs de Montrond la terre de Chenereilles, elle assurait à Artaud le titre de bailli de Forez,

<hr>

(1) Mazures de l'Isle-Barbe, p. 227.

(2) Latour-Varan, Chron. des chât. et des abbayes. II, p. 285.

que son beau-père lui transmit avec l'assentiment du duc Charles (1).

Artaud entra en possession de ces fonctions en 1456. C'est à ce titre que nous le voyons rendre, au mois de mai de cette même année, une sentence par laquelle il maintint Jean de Laire, seigneur de Cornillon, dans le droit que lui et ses prédécesseurs avaient de juger les habitants de Cornillon et dont la possession lui était contestée par les officiers de justice de Saint-Victor-sur-Loire (2).

A ses fonctions de bailli, Artaud joignait encore auprès du duc Charles, comte de Forez, l'office de conseiller et de chambellan qu'il remplit aussi auprès du duc Jean II. En 1457, ce dernier reçut Artaud et sa femme à foi et hommage pour leurs châteaux de Montrond, Veauche, Rochetaillée, Chambost près Longessaigne et pour leur maison d'Essertines en Donzy (3).

Artaud V mourut vers le commencement de l'année 1486 ; il fut remplacé dans ses fonctions de bailli et de capitaine de la ville de Montbrison par messire Pierre, seigneur d'Urfé, qui en fut investi le 29 janvier de la même année (4).

Ses enfants furent :

1° Artaud, dit Michel, qui suit ;

2° Aimé, qui hérita de ses oncles Louis et Jean, de la terre d'Apchon, et mourut sans laisser de postérité de

---

(1) De La Mure. Hist. des ducs de Bourbon. II. p. 198.

(2) Latour-Varan. I. p. 174.

(3) De La Mure. Hist. des ducs de Bourbon. II. p. 246. — Noms féodaux.

(4) De La Mure. Hist. des ducs de Bourbon. II. p. 343.

ses deux femmes : Jeanne de la Chassaigne et Françoise de Perusse ;

3° Anne, mariée vers 1470, à Guillaume de Lavieu, seigneur de Roche la Molière ;

4° Louis, abbé de Figeac.

Artaud, sixième du nom, dit Michel, épousa, en 1490, Marguerite de Lavieu, fille de Claude de Lavieu, seigneur de Poncins et de la Brosse, et de Catherine d'Albou Saint-Forgeux. Marguerite hérita de son père de toutes ces seigneuries qui passèrent ainsi à la maison des seigneurs de Montrond. Nous n'avons trouvé aucun fait historique se rapportant à Artaud VII. Ses enfants furent :

1° Artaud, qui suit ;

2° Marguerite, mariée au sieur de Chattes ;

3° Jeanne, qui épousa le sieur de Vatilieu.

Son fils, Artaud VII, accrut considérablement les possessions de sa famille. Son oncle Aimé de Saint-Germain, mort sans postérité, lui légua la terre d'Apchon, à la condition de porter le nom et les armes d'Apchon : aussi depuis cette époque voyons-nous ce dernier nom remplacer partout celui de Saint-Germain. Mais la fortune d'Artaud lui vint surtout de son alliance avec Marguerite d'Albon, qu'il épousa, le 17 juin 1519, avec l'agrément, disent les historiens, d'Anne de France, duchesse de Bourbon. Marguerite était fille de Jean, seigneur de Saint-André, et de Charlotte de la Roche, et sœur unique de Jacques d'Albon, maréchal de Saint-André. Ce dernier n'ayant eu de son mariage avec Marguerite de Lustrac qu'une fille unique, Catherine d'Albon, morte sans alliance, tous les grands biens du maréchal passèrent à sa sœur, qui transmit ainsi à la famille d'Apchon la terre de Saint-André et tous les autres biens paternels de sa maison (1).

La haute fortune de Jacques d'Albon fut utile à sa famille. Marguerite devint dame d'honneur de la reine Catherine de Médicis; Artaud fut nommé lieutenant de la compagnie d'ordonnance du maréchal, capitaine de cent hommes d'armes, puis chevalier de l'ordre du Roi, et lieutenant général au gouvernement de Lyonnais, Forez et Beaujolais.

Saint-André aimait le luxe et l'éclat et personne à la cour ne pouvait lutter avec lui pour la magnificence des vête-...ents. Ses meubles, qui plus tard furent dissipés par sa veuve, étaient d'un prix considérable. Le Roi lui-même, assure-t-on, n'en avait pas de plus beaux (2). La cour n'avait pas le privilège de retenir constamment le maréchal; le séjour de Montrond lui plaisait; aussi céda-t-il aisément à son amour du luxe en faisant restaurer le vieux château dans le goût de la plus belle époque de la Renaissance. La sombre forteresse du moyen-âge fut transformée ainsi en retraite somptueuse qui n'avait rien à envier aux plus beaux châteaux de nos contrées.

Ce fut au milieu de ces nouvelles splendeurs que le maréchal donna, le 9 septembre 1550, une fête magnifique aux princes de Condé et de Navarre et à la noblesse du Forez. Le vieux soldat, qui avait vécu au milieu des camps et se plaisait au bruit des combats, voulut terminer la fête par le curieux spectacle de l'assaut d'une forteresse : la principale tour de Montrond défendue par un

(1) Mazures de l'Isle-Barbe. II. p. 163.

(2) Mazures de l'Isle-Barbe, p. 163.— Aug. Bernard. Hist. du Forez. II. Biographie et bibliographie, p. 3.

certain nombre d'habitants de Feurs et de Saint-Galmier, fut attaquée et prise par 200 habitants de Saint-Etienne commandés par le sieur de La Porte. Il fallait sans doute, dit Touchard Lafosse , peu de récréations semblables pour faire disparaître les nouvelles splendeurs du château de Montrond (1).

Mais à peine est achevée la restauration du château de Montrond, à peine s'est éteint le bruit des fêtes joyeuses et des spectacles militaires, que voici venir la guerre civile avec ses dévastations et ses luttes sanglantes. Plus d'un tiers de siècle va s'écouler, pendant lequel Montrond sera l'objet de la convoitise de tous les partis qui vont se disputer nos malheureuses provinces.

Comme il n'arrive que trop souvent dans les querelles religieuses, l'intolérance d'un parti devait provoquer de cruelles représailles. Au mois d'avril 1562, Henri d'Apchon, l'un des fils d'Artaud VII, faisait prisonnier, au port de Montrond, le ministre d'Issoire en Auvergne, superintendant de tous ceux de cette province et en cette qualité député à Lyon à la conférence pour le synode général que les huguenots avaient convoqué à Orléans. Quelque temps après, son frère aîné, Artaud VIII, dit Jean d'Apchon, seigneur de Montrond et lieutenant au gouvernement de Forez, renouvelait ces actes d'un zèle outré ; il faisait arrêter à Feurs, à Saint-Galmier et à Saint-Bonnet-le-Châtel et conduire dans les prisons de Montbrison les ministres protestants qui étaient venus prêcher la réforme dans ces trois villes.

<hr>

(1) Aug. Bernard. Hist. du Forez. II. p. 109. — Touchard-Lafosse. La Loire historique. I. p. 458.

En même temps, Lyon venait de tomber au pouvoir des réformés et les comtes de Lyon, obligés de s'enfuir, s'étaient réfugiés dans le Forez. Là, ils s'occupèrent activement de lever de l'argent et des troupes avec lesquelles Moncelar et Artaud d'Apchon se mirent à guerroyer dans la province.

Il n'en fallait pas autant pour provoquer la colère du baron des Adrets et l'appeler dans le Forez. Le farouche huguenot fut bientôt aux portes de Montbrison dont la prise fut souillée de ces horreurs qui ont jeté sur le nom du chef protestant un souvenir de si triste renommée.

La capitale du Forez prise et dévastée, des Adrets se dirigea vers Montrond (15 juillet 1562). Artaud d'Apchon guerroyait au loin et la place se trouvait sans garnison. Mais un jeune gentilhomme du voisinage, Saconnins de Pravieux, qui, fait prisonnier à Feurs, venait de recouvrer la liberté au prix d'une forte rançon, se jeta résolument dans le château avec une cinquantaine de paysans. La forte position de Montrond inspirait à de Pravieux une confiance qui fut encore accrue par la défaite qu'il fit subir à l'avant-garde des protestants. Mais l'arrivée du baron des Adrets avec son armée, et la terreur inspirée par les atrocités commises par le chef huguenot à Montbrison suffirent pour disperser la petite garnison (16 juillet). Réduit à compter seulement sur le dévouement de six hommes qui voulurent demeurer auprès de lui, de Pravieux n'ouvrit point cependant les portes de la forteresse aux troupes protestantes. Sommé de se rendre, il répondit à des Adrets qu'il gardait la place pour la remettre aux mains du Roi. On ne pouvait espérer pourtant de résister aux forces supérieures de l'ennemi ;

une capitulation honorable ayant été offerte, de Pravieux l'accepta. Suivant ce traité le château devait être préservé du pillage et ses défenseurs pourraient se retirer sains et saufs. Mais le chef huguenot se faisait un jeu de ses promesses. Quelle satisfaction ne devait-il pas éprouver d'ailleurs à se venger sur la demeure d'un sire d'Apchon auquel les protestants reprochaient l'emprisonnement de leurs ministres et dont le père était le beau-frère du maréchal de Saint-André! A peine entrés dans la forteresse, les protestants se mirent à piller tout ce qu'ils trouvèrent sous la main, et des Adrets répondit aux protestations du chef catholique, en faisant précipiter de la plus haute tour l'un des six défenseurs de Montrond (1).

Au parjure et à la cruauté, il fallait ajouter des actes plus odieux encore. Artaud VII, le dernier seigneur de Montrond, était décédé depuis peu de temps, et son corps attendait encore le tombeau qui lui était préparé dans la chapelle du château ; des Adrets le fit tirer de son cercueil et traîner dans les champs. En même temps, l'église de Montrond était livrée au pillage et comme on tardait trop de lui livrer les vases sacrés, le chef protestant faisait précipiter du haut du clocher le curé et le marguillier. Les richesses du château, qui avaient échappé longtemps aux recherches des calvinistes, leur étaient livrées par une servante terrifiée ou séduite, et l'on en chargea plusieurs voitures qu'on envoya à Lyon.

Des Adrets ne tarda pas à rentrer dans cette ville, en laissant à Montrond une compagnie de soldats sous les

____

(1) Aug. Bernard. Hist. de Forez. II. p. 116, 128, 134. — Broutin. Hist. de la Ville de Feurs, p. 174. — Touchard-Lafosse. La Loire historique. I. p. 459.

ordres de Quintel, grand-maître de son artillerie, auquel il confia la garde du château, en le nommant bailli du Forez, dont Jacques d'Urfé remplissait les fonctions.

Tous les meubles précieux, tous les riches ornements du château de Montrond disparurent dans ce pillage ; ce qu'on ne put enlever fut mutilé indignement par les protestants. Pourtant, malgré ces dévastations, Montrond n'en continua pas moins à être une forteresse importante et par ses travaux de défense et par sa position près du passage de la Loire. Aussi verrons-nous plus d'une fois encore ce château disputé par les divers partis qui avaient fait de nos contrées le théâtre de leurs luttes de chaque jour.

Nous avons vu qu'Artaud d'Apchon, septième du nom, était mort vers le commencement de l'année 1562. De sa femme, Marguerite d'Albon, il laissa neuf fils et deux filles :

1° Gabriel, qui hérita de la terre d'Apchon ;

2° Antoine, seigneur de Serezat et de Chanteloube, abbé de Serizy et de Ferrière ;

3° Artaud VIII, dit Jean d'Apchon, seigneur de Montrond, qui suit ;

4° Henri, chevalier de l'ordre du Roi, capitaine de cent hommes d'armes et gouverneur de Charlieu et de Paray-le-Monial, auquel Marguerite d'Albon, sa mère, donna la terre de Saint-André-en-Roannais, à la charge de porter les armes d'Albon écartelées de celles d'Apchon. Henri devint plus tard seigneur de Montrond, comme on le verra ci-après ;

5° Jacques, seigneur de Saint-Germain-des-Fossés, tige de la branche des seigneurs du même lieu ;

6° Charles, seigneur de Tournelles, qui épousa Lucrèce de Gadaigne, et fut la tige de la branche de Tournelles ;

7° Gilbert, seigneur de Montrenard, qui épousa Françoise de Fresnel ;

8° François ;

9° Guillaume ;

10° Hélène ;

11° Françoise, religieuse (1).

Après la dévastation de son château, Artaud VIII continua à guerroyer dans le Forez à la tête des troupes catholiques. En 1570, quand l'armée de l'amiral de Coligny et des princes de Condé et de Navarre, menaça Montbrison, nous le voyons, avec plusieurs autres seigneurs foréziens, courir à la défense de cette ville, où s'était jeté Jacques d'Urfé, gouverneur du Forez, dont la contenance en imposa tellement aux troupes ennemies, qu'elles n'osèrent approcher de la place (2).

Ce fut dans ces guerres continuelles qui dévastaient nos contrées, que périt Artaud. En 1574, les protestants du Vivarais, commandés par Peyraud, entraient dans le Forez ; Artaud, qui se trouvait alors dans sa terre de Luppé, essaya vainement de s'opposer à leur passage. Il tomba aux mains des réformés dans une reconnaissance faite aux environs de son château. Un soldat d'Annonay, nommé Chatinais, qui l'avait fait prisonnier, désirait lui sauver la vie, espérant en retirer une forte rançon ; mais

(1) La Chesnaye des Bois. — P. Anselme. Le Palais de l'honneur, p. 316. — Latour-Varan. Chronique des châteaux, etc. II. p. 284.

(2) Les d'Urfé. p. 434.

un de ses vassaux, pour se venger d'un grief personnel, le tua d'un coup de pistolet tiré à bout portant (31 mars 1574) (1).

Artaud VIII, dit Jean d'Apchon, avait épousé, en 1573, Marguerite Gaste, dame de Luppé, qui lui apporta cette terre en dot. Mais sa femme, pour laquelle Anne d'Urfé brûla d'une chaste passion, ne lui donna point d'enfants. Quelque temps après la mort de son mari, Marguerite Gaste épousa, en secondes noces, Aymard François de Meuillon, seigneur et baron de Bressieu, que nous trouvons désormais en possession des seigneuries de Montrond et de Rochetaillée, du chef de sa femme, à laquelle son premier mari avait sans doute légué tout au moins l'usufruit de ses terres et seigneuries. C'est ainsi que nous voyons, le 15 mars 1582, François de Bressieu et sa femme Marguerite Gaste vendre conjointement à Antoine de Rochefort la justice de la Valette que les seigneurs de Montrond et de Rochetaillée s'étaient réservée dans une transaction de l'an 1446 (V. p. 15) (2).

L'histoire se tait sur le château de Montrond jusqu'au jour où les guerres de la Ligue vinrent de nouveau dévaster nos provinces. La forte position de ce château en faisait désirer vivement la possession aux ligueurs lyonnais. Mais le baron de Bressieu, qui le possédait, était royaliste. A peine la Sainte-Union était-elle proclamée à Lyon et dans le Forez, qu'il se hâtait de renforcer la garnison qui occupait sa forteresse. Quand la nouvelle

(1) Aug. Bernard. Hist. du Forez. II. p. 190. — Les d'Urfé, p. 97. — Poncer. Mémoires sur Annonay et le Haut Vivarais.

(2) Les d'Urfé, p. 97. — Les fiefs du Forez, p. 140.

en parvint au Consulat lyonnais, il en éprouva une
vive inquiétude, car l'occupation de ce château par
les royalistes rendait fort difficiles les communications
avec la rive gauche de la Loire (mai 1589). Mais le fait
n'était que trop vrai; au mois suivant, le seigneur de
Montrond avait complètement organisé ses moyens de
résistance, non-seulement à Montrond, mais encore à
Rochetaillée, autre terre de la maison d'Apchon (1).

Anne d'Urfé, chef des ligueurs foréziens, profita de
l'absence du baron de Bressieu pour assiéger Montrond.
Mais la place était forte, et bien qu'on eût mis ce dernier
dans l'impossibilité de la secourir, le siége eût traîné en
longueur malgré les secours venus de Lyon, si le Consulat n'eût envoyé aux assiégeants deux couleuvrines
pour battre en brèche la vieille forteresse (août 1589).
Grâce à ces moyens puissants d'attaque, la place se rendit bientôt et le 21 août Anne d'Urfé pouvait écrire
au Consulat : « Montrond et Cornillon se sont rendus
« entre nos mains à très-belles compositions (2). »

La capitulation avait été signée le 18 août, à Chazelles,
par Anne d'Urfé et Chevrières, pour les assiégeants, et
par MM. de la Valette et de Charlieu, au nom du baron
de Bressieu : « Les cappitaines, portait ce traité, de-
« voient sortir de Montrond, montés chacun d'un cheval,
« avec l'espée, le poitrinal et pistolle. » Il leur fut même
permis d'emporter leurs hardes et vêtements. Mais des
conditions plus rigoureuses furent imposées aux soldats;
aucune arme ne leur fut laissée, et ils furent tenus de se

(1) Aug. Bernard. Les d'Urfé, p. 248 et 254.
(2) Les d'Urfé, p. 258, 260 et 273.

retirer *avec un baston blanc en la main*, accompagnés d'une escorte qui devait les conduire en sûreté, jusqu'au lieu de la Valette, près de Virieu. Les papiers et tous les meubles de Montrond furent inventoriés avec soin et laissés dans le château. Mais il fallut livrer aux Ligueurs les armes, les chevaux et tous les bagages de guerre. Enfin, on établit à Montrond une garnison dont la solde fut prise sur les revenus et les tailles payés par les habitants du pays environnant (1).

Dans ce même traité, les seigneurs de la Valette et de Charlieu s'étaient engagés au nom du baron de Bressieu, à faire renvoyer par ce dernier, dans un délai de huit jours, la garnison des châteaux de Luppé et de Saint-Julien-Molin-Molette et remettre aux Ligueurs la ville d'Andance. Mais le baron de Bressieu ne semble guère s'être préoccupé d'exécuter les promesses faites à son insu par les défenseurs de Montrond. Après avoir fait vainement plusieurs tentatives pour dégager la place, il n'en continua pas moins à tenir la campagne. A la suite du dernier échec subi sous les murs de son château, il alla se venger sur les terres du seigneur de Virieu, en ravageant le village de Malleval, dont il emmena prisonniers presque tous les habitants (2).

Montrond fut ainsi occupé par les troupes de la Ligue pendant six années. Quand le parti royaliste reprit une à une les places fortes occupées par les Ligueurs, ce château fut un des derniers qui se rendit à Henri IV. Au mois

(1) Notes et documents de M. Péricaud, 18 août 1589, p. 43. — Biblioth. Coste n° 3,747. — Biblioth. de la ville de Lyon, n° 25,201.

(2) Les d'Urfé, p. 258 et 260.

de février 1594, la Ligue ne possédait plus sur la rive droite de la Loire que cette seule forteresse, d'où la garnison faisait de fréquentes sorties pour piller les villages voisins et avoir des rencontres sanglantes avec les habitants de Feurs, qui avaient fait leur soumission au roi (1).

Les Ligueurs entretenaient, en effet, des forces imposantes dans ce château qui leur assurait le passage de la Loire, que Saint-Sorlin put traverser à plusieurs reprises avec toute son armée. Aussi les royalistes échouèrent-ils longtemps dans leurs tentatives pour s'emparer de Montrond. Déjà, au mois d'août 1594, Delègue, lieutenant de Chevrières, assiégeait la place, lorsque ce dernier, qui était devenu depuis peu de temps partisan du roi, le rappela auprès de lui pour se joindre aux troupes qu'il voulait opposer au duc de Nemours (2).

Pour s'emparer de la forteresse, il fallut que d'Ornano profitât de l'absence du duc de Nemours, qui était allé demander des secours au duc de Savoie, pour l'investir avec des forces supérieures (mai 1595). Il y établit son camp, qui devint en quelque sorte le quartier général des troupes royalistes qui assiégeaient Montbrison et les autres places occupées encore par les partisans de la Ligue. Montrond ne se rendit que le 28 juin. La résistance des assiégés avait été brillante ; aussi les conditions de la capitulation furent-elles moins dures que celles imposées par les Ligueurs, en 1589. La garnison put se retirer avec chevaux, armes et bagages. Mais elle demanda vainement à se rendre à Montbrison, où elle

<hr>

(1) Les d'Urfé, p. 348. — Broutin. Hist. de Feurs, p. 208.
(2) Les d'Urfé, p. 350 et 356.

aurait voulu se joindre aux défenseurs de cette ville. D'Ornano lui permit seulement de se retirer auprès du duc de Nemours. Quant à la forteresse, elle fut laissée sous la garde de madame de Chamelot; le chef royaliste y plaça même, sur la demande de cette dernière et de l'avis de la noblesse forézienne, une petite garnison commandée par le capitaine Ruppert, pour en assurer la conservation sous l'obéissance du roi, mais sans pouvoir guerroyer au dehors (1).

Que devint Montrond après le rétablissement de la paix? S'il resta en possession de Marguerite Gaste, qui semble avoir été déjà veuve de son second mari, le baron de Bressieu, dès l'année 1591, ce ne fut sans doute que jusqu'à son décès. Au reste, cette possession fut loin d'être paisible. La descendance masculine des seigneurs d'Apchon ne paraît pas avoir laissé, sans protestation, passer dans une famille étrangère, une seigneurie qui avait dû être substituée de mâle en mâle, suivant les coutumes des temps féodaux. De là un procès qui nous est révélé par une phrase du *Philocarite*, d'Anne d'Urfé, ainsi conçue : « Ceste maizon de Montrond est tellement « à présent litigieuse, que je ne sçay qui en nommer « seigneur; tant y a que les seigneuries de Montrond, « Boisset, Rochetaillée, Grézieu et Chenerailles en « sont (2).

A la suite de ce litige, Montrond rentra en la posses-

____

(1) Aug. Bernard. Les d'Urfé, p. 360. — Broutin. Hist. de Feurs, p. 212.

(2) Les d'Urfé, p. 296 et 461. — Suivant un document signalé par M. Allut, Anne d'Urfé écrivait son Philocarite, en 1584 (V. les Routiers au xive siècle, p. 259).

sion de la maison d'Apchon et devint l'apanage d'Henri d'Apchon qui avait déjà hérité de sa mère de la terre de Saint-André, ancienne seigneurie du maréchal. Henri prit une part des plus actives aux luttes de nos guerres civiles. Zélé catholique, il combattit d'abord les protestants dans le Forez; puis il alla guerroyer, en 1562, dans le Vivarais, avec le seigneur de Saint-Chamond, qui prit et dévasta à plusieurs reprises la ville d'Annonay. Lors de la seconde prise de cette ville, Henri d'Apchon, éprouvant quelque résistance, mit la ville au pillage et fit tuer tous les religionnaires qu'il rencontra sur son passage. Au mois de septembre 1568, Annonay étant retombé au pouvoir des calvinistes, Henri d'Apchon suivit encore le seigneur de Saint-Chamond dans une nouvelle expédition contre cette ville (1).

Plus tard, quand vinrent les guerres de la Ligue, Henri d'Apchon se déclara ouvertement pour Henri IV. Il était gouverneur de la ville de Charlieu, quand cette place fut assiégée par les Ligueurs; fait prisonnier lors de la prise de cette ville (4 mai 1590), il fut envoyé à Lyon avec Genouilly, aussi prisonnier. Cette fidélité à la cause royaliste fut remarquée de Henri IV, qui, avec cette bienveillance si habile qui lui assura tant de sympathies, lui fit dire en 1593, par le sieur de La Fin, la satisfaction qu'il avait de son zèle et de son dévouement.

Henri d'Apchon épousa en premières noces Marguerite de Stuard-Caussade de Saint-Mégrin ; après la mort de sa première épouse, il convola en secondes noces avec Jeanne d'Épinac, sœur de Pierre d'Épinac, archevêque

___

(1) Aug. Bernard. Hist. du Forez. II. p. 142 et 152.

de Lyon et veuve de Gilbert de Veyny d'Arbouse, qui avait péri, en 1590, au combat d'Issoire (1).

Son fils Jacques d'Apchon, capitaine de 50 hommes d'armes et gouverneur du Roannais, lui succéda dans la possession de Montrond et des autres seigneuries de la famille d'Apchon. Nous le voyons assister, le 12 août 1614, à l'assemblée générale de la noblesse réunie à Montbrison, dans la salle de la Diana, par Charles de Neuville, seigneur d'Halincourt, gouverneur du Lyonnais, pour la nomination aux États généraux convoqués à Sens (2).

Jacques d'Albon rendit hommage de la terre de Saint-André, le 13 février 1638. Il avait épousé, en 1606, Éléonore de Saulx-Tavannes, fille de Jean et de Catherine Chabost de Lugny, dont il eut un fils, Claude, qui lui succéda. C'est à cette époque que la seigneurie de Rochetaillée fut détachée du patrimoine des seigneurs d'Apchon. Éléonore de Saulx-Tavannes, tant en son nom que comme mandataire de son mari, vendit, conjointement avec son fils Claude, cette terre à Louis Badol de Forcieu, le 27 septembre 1645 (3).

Claude d'Apchon, seigneur de Montrond, de Saint-André, Boisset et Mably, avait épousé, en 1636, Renée-Béatrix de Grolée, fille de Pierre Pompée, comte de Grolée, dont il eut :

1° Philibert, qui suit ;

2° Jacques-François d'Apchon, marquis de Saint-

(1) Aug. Bernard. Les d'Urfé, p. 335.
(2) Aug. Bernard. Hist. du Forez. II. p. 271.
(3) Fiefs du Forez. V° Montrond. — Latour-Varan. Chronique des Châteaux et des Abbayes. III. p. 107.

André, qui rendit hommage de cette terre en juillet 1674 (1). Ce dernier épousa, en 1675, Marie de Rottons, dont naquit Charlotte, mariée en 1697, à Marc-Antoine de Saint-Georges, neveu de l'archevêque de Lyon.

Philibert, marquis d'Apchon, seigneur de Montrond et de Poncins, vivait en 1669 et figure, ainsi que son frère Jacques-François, dans l'armorial de Claudine Brunand (2). La châtellenie de Cleppé lui avait été engagée quelques années auparavant (3). Il épousa en 1678, Françoise de Vinols de la Liègue, fille de Pierre, seigneur de la Liègue, de la Tourette, d'Aboin, etc., et de Jeanne Berthon, dont il n'eut aucun enfant. Devenu veuf, il se remaria en 1685, avec Anne-Marie de Pouderoux, fille de Jacques, seigneur de La Lande et de Batailloux, et de Germaine Perrin de Chenercilles, dont il eut un fils, Antoine-Marie-Joseph, qui suit.

Antoine-Marie-Joseph, marquis de Montrond, syndic général de la noblesse de Bresse, rendit hommage de cette seigneurie en 1722. Il avait épousé, le 20 mai 1710, Claudine Chappuis, dame de Corgenon, fille de Philippe Chappuis, baron de Corgenon, chevalier d'honneur au présidial de Bourg et premier syndic de la noblesse de Bresse, et d'Elisabeth de Sauzion. De ce mariage naquirent :

1° Antoine-Marie, qui suit ;

2° Claude-Marc-Antoine, né à Montbrison en 1721, évêque de Dijon en 1755, transféré au siége d'Auch en

____

(1) Archives du Rhône, C. 603.

(2) Armorial de Claudine Brunand. — Monfalcon. Le Livre d'Or du Lyonnais, etc., p. 142.

(3) Broutin. Hist. de la ville de Feurs, p. 192.

1776, et mort en 1783, en laissant la réputation d'un prélat pieux et charitable ;

3° Etienne-Ruf-Joseph, capitaine de frégate ;

4° Elisabeth, mariée en 1742, à Claude-Marie de Latar, marquis de Cressia.

Antoine-Marie, marquis d'Apchon, seigneur de Montrond et de Corgenon, après avoir été d'abord page du roi, fut fait capitaine de dragons le 5 novembre 1733, et maître de camp dans un régiment de son nom, le 29 novembre 1748. Il fut nommé ensuite maréchal de camp en 1761, puis gouverneur du duc de Bourbon, fils unique du prince de Condé, en 1762. Il avait épousé, le 21 août 1748, Marie-Louise de Crémeaux d'Entraigues, fille de Louis, marquis d'Entraigues et de Saint-Trivier, lieutenant du roi en Mâconnais.

Son fils, Antoine-Louis-Claude de Saint-Germain d'Apchon, lui succéda dans la possession de la terre de Montrond que son père lui avait donnée, dans son contrat de mariage passé à Paris, le 8 novembre 1778, avec Marie-Michelle-Henriette Périchard, qui mourut le 11 octobre 1780. Il fut aussi baron de Boisset, comte de Saint-Trivier, seigneur du Chesne, de Marchais et de plusieurs autres terres auxquelles il joignit encore celle de Crémeaux, dont il hérita de sa mère et de son oncle Jules-César de Crémeaux, capitaine de cavalerie dans le régiment de Condé, mort sans enfants. Enfin à tous ces titres, il ajoutait ceux de lieutenant général de Bourgogne au gouvernement de Mâcon, de maître de camp et de commandant au régiment d'Aunis (1).

(1) Les fiefs du Forez. V° Montrond. — Lachesnaye des Bois. — Latour-Varan. Chronique des châteaux et des abbayes. II. p. 287 et s.

A cette même époque, la justice seigneuriale de Mont-
rond comprenait dans son ressort : Boisset, Meylieu,
Montrond et le hameau du Puy, dans la paroisse de
Saint-André.

Mais la Révolution allait bientôt détruire ces grandes
possessions féodales et anéantir les derniers restes épar-
gnés à Montrond par les huguenots. Au mois de septembre 1793, le général de la Roche-Negli, qui cachait
son nom sous celui de Rimbert, venait de faire une
expédition dans le Forez, à la tête de troupes lyonnai-
ses, pour soulever le pays et enrôler de nouveaux
soldats sous les drapeaux des défenseurs de Lyon assiégé.
Vainqueur des républicains à Saint-Anthème, Rimbert
avait échoué à Saint-Étienne et, forcé de quitter Montbrison où il était menacé par des forces supérieures, il
se repliait sur Lyon.

Dans leur retraite, les Lyonnais se divisèrent en deux
colonnes : l'une se dirigea sur Feurs, sous le comman-
dement du général en chef, l'autre, sous les ordres de
Nicolaï, prit la voie de Montrond. Pendant que la première battait les paysans soulevés, au combat de Saltvi-
zinet, la seconde recevait du dernier représentant de la
famille d'Apchon, un accueil empressé. Une fête fut donnée aux soldats lyonnais; un bal fut même organisé en
leur honneur, sous les voûtes du vieux manoir, et l'on
se livrait sans inquiétude aux enivrements du plaisir
quand l'annonce de l'arrivée des bandes républicaines
qui avaient été battues à Saint-Anthème par le général
Rimbert, vint brusquement mettre fin aux joies incon-
sidérées de cette fête. Le général Nicolaï voulait aban-
donner la place qu'il ne jugeait pas tenable, mais ses

soldats, pleins de confiance dans la forte position de
Montrond, refusent de partir. Un assaut fut repoussé ;
mais quand les républicains virent qu'ils ne pouvaient
s'emparer de la forteresse, ils la canonnèrent et y mirent
le feu. L'incendie consuma la vieille demeure féodale
qui depuis ne s'est jamais relevée de ce désastre. « C'est
« la dernière fois, dit M. Broutin, que ces grandes rui-
« nes ont respiré l'odeur de la poudre et entendu les cris
« du combat. (1) »

La famille d'Apchon, qui pendant près de cinq siècles
s'était transmis la possession de Montrond, ne survécut
guère à la destruction de son vieux manoir. Elle s'étei-
gnit peu après la Révolution dans les marquis de Bien-
court, qui ont aliéné Montrond et ses dépendances,
vers 1820, à M. Victor Dugas, de Saint-Chamond. Aujourd'hui ces ruines imposantes et les vastes domaines
qui les entourent sont la propriété de M. de Boissieu,
son gendre.

Montrond, l'un des rares châteaux forts qui aient
échappé à la destruction ordonnée par Richelieu, est
aussi l'un des monuments les plus remarquables de l'architecture militaire du moyen-âge que possède le Forez.
On disait autrefois : *Bouthéon le beau, Montrond le fort.*
Moins important et moins fort néanmoins que Cousan,
le château des seigneurs d'Apchon nous offre en retour
des beautés architecturales que l'on chercherait vainement dans le sombre et sévère manoir des Damas. Son

(1) Broutin. Hist. de la ville de Feurs, p. 427. — Morin. Hist. de
Lyon. III. p. 298. — Alphonse Balleydier. Hist. politique et militaire du
peuple de Lyon. II. p. 85 et suiv.

plan est aussi plus régulier; c'est celui d'un quadrilatère flanqué de quatre tours d'angle, dont deux, celles de l'ouest, sont carrées et les deux autres de forme cylindrique.

Après la Révolution, les tours, les murailles, les salles voûtées, les escaliers, les terrasses de l'édifice subsistaient encore, et il eût été facile sans doute de rétablir Montrond au moins dans l'état où il se trouvait à la fin du siècle dernier. Nul doute que la famille d'Apchon n'eût tenu à honneur de lui rendre son ancienne splendeur, si elle eût survécu au désastre de 1793. Mais aucun souvenir ne rendait le vieux manoir cher à ses nouveaux maîtres et ils ont laissé le temps achever l'œuvre des hommes.

A l'extérieur, sauf du côté du midi, l'enceinte du château de Montrond est dans un assez bon état de conservation; aussi pourrait-on de loin croire aisément qu'il existe encore dans son entier. Mais si l'on pénètre au dedans, on est étonné de la destruction accomplie froidement depuis le commencement de ce siècle. Les plus beaux matériaux ont été emportés au loin pour servir à de nouvelles constructions. Les voûtes des tours et de la chapelle se sont effondrées, les marches des escaliers gisent au milieu de la vaste cour et les cheminées monumentales du second étage demeurent suspendues au sommet des murs, et semblent menacer le visiteur d'une chute imminente. C'est à peine si au milieu de cet amas confus de décombres, l'œil exercé de l'archéologue peut reconnaître le plan de l'intérieur du vieux château. Mais ce qui subsiste suffit pour nous faire comprendre l'importance de Montrond, comme forteresse féodale. Avec sa ceinture de larges fossés, avec sa double enceinte et la nombreuse garnison qu'il pouvait contenir, ce château était assurément en état de défier longtemps les efforts des assaillants.

On pénètre dans le château de Montrond par la porte ogivale d'une tour qui a perdu depuis longtemps sa couronne de créneaux. On arrive ainsi dans une cour bordée de bâtiments où logaient jadis les hommes d'armes et qui sont devenus aujourd'hui des habitations de fermiers. En face de la porte d'entrée se dresse, sur une esplanade flanquée de quatre tours cylindriques , le château proprement dit. En suivant à gauche les bâtiments rustiques on se trouve bientôt dans un vaste préau, qui s'étendait au devant de la façade méridionale, et qui conserve toujours son mur d'enceinte percé d'une poterne et de trois embrasures de canon.

C'est de ce côté que se trouvait l'entrée de la demeure seigneuriale. Une rampe assez raide vous conduit dans la grande tour carrée que l'on traversait, pour venir pénétrer dans le château, par la grande porte d'honneur qui s'ouvre dans la façade occidentale. Cette porte est supportée par deux pilastres cannelés que couronnent des chapiteaux corinthiens. Dans le tympan, encadré d'une archivolte à plein cintre, sont sculptées les armes des seigneurs d'Apchon : *d'azur semé de fleurs de lis sans nombre*, sur un écusson supporté par deux lions collotés d'un manteau semé de fleurs de lis. Cette porte est un beau reste de l'architecture de la Renaissance. Elle suffit pour nous faire juger du luxe qu'avaient déployé les seigneurs d'Apchon et le maréchal de Saint-André pour embellir le château de Montrond, et M. Broutin a pu dire avec raison qu'elle ne déparerait ni Chambord ni Fontainebleau (1).

A droite de la porte d'honneur se trouve la chapelle à moitié enfouie aujourd'hui sous les décombres. Les nervures prismatiques de la voûte et la forme de son unique fenêtre révèlent le style du commencement du xvie siècle. Ici encore nous retrouvons à la clé de voûte les armes des d'Apchon. Au-dessous de la chapelle existent des souterrains où sans doute les seigneurs de Montrond avaient leur sépulture (2).

Toute la façade méridionale qui reliait les deux grandes tours a été rasée jusqu'au sol, mais ces deux tours elles-mêmes sont assez bien conservées. En face de la tour carrée, dont nous avons parlé, se dresse la grande tour cylindrique percée, comme la première, de belles fenêtres à croisillons du xvie siècle. Cette tour, qui était jadis voûtée et à deux étages, a dû servir de donjon au château. Elle est de forme carrée à l'intérieur. Cette disposition que nous rencontrons dans quelques châteaux bâtis au commencement du xvie siècle, et notamment dans celui de Bury près de Blois, est due, sans aucun doute, comme les fenêtres qui éclairent les tours, aux travaux exécutés à Montrond par le maréchal de Saint-André. A cette époque, lorsque les tours des châteaux furent transformées en habitation, il fallut remplacer les baies étroites des xiiie et xive siècles, par de larges fenêtres

(1) Broutin. Hist. de Feurs, p. 178. — Touchard-Lafosse a donné un dessin exact de cette porte dans la Loire historique. (Tome Ier p. 458).

(2) Les d'Apchon paraissent avoir eu primitivement leur sépulture dans l'église des Cordeliers de Montbrison. (V. les d'Urfé, p. 431).

et donner à l'intérieur des tours cylindriques une forme plus commode.

De cette tour, un chemin de ronde, qui suivait le sommet des courtines, se dirige au nord vers une autre tour moins importante, mais aussi de forme cylindrique, qui renferme encore un escalier en spirale par lequel on peut arriver au sommet de l'édifice.

De là se déroule sous vos yeux un magnifique tableau qui a pour cadre les montagnes du Lyonnais et les hauts sommets de Pierre-sur-Haute; c'est la vaste plaine du Forez, semée d'étangs, avec ses riches cultures et ses massifs verdoyants. Tout près coule la Loire; un pont la traverse; c'est toujours la route de Lyon en Auvergne qui passe au pied des tours du château; mais le voyageur n'a plus ni protection à attendre ni danger à redouter de la vieille forteresse féodale.

Quand de ce spectacle on abaisse ses regards sur l'enceinte de cet édifice où règne un silence plein de tristesse, on songe involontairement à tout le bruit qui se fit jadis dans cette splendide demeure, aux jours des fêtes joyeuses comme aux heures des combats sanglants. Mais pendant que l'imagination reconstruit ce monument d'un autre âge, pendant que l'on évoque le souvenir des guerriers historiques dont le regard a contemplé ces tours et ces murailles, à l'est, le chemin de fer déploie ses panaches de blanche fumée et le bruit de ses lourds wagons, vous arrachant à ce retour vers le passé, vous rappelle qu'une ère nouvelle a succédé au temps des nobles chevaliers et des manoirs féodaux.